बता ओ दिनकर..!

राजेश लूणा 'नवोदयन'

Copyright © Rajesh Luna 'navodayan'
All Rights Reserved.

This book has been published with all efforts taken to make the material error-free after the consent of the author. However, the author and the publisher do not assume and hereby disclaim any liability to any party for any loss, damage, or disruption caused by errors or omissions, whether such errors or omissions result from negligence, accident, or any other cause.

While every effort has been made to avoid any mistake or omission, this publication is being sold on the condition and understanding that neither the author nor the publishers or printers would be liable in any manner to any person by reason of any mistake or omission in this publication or for any action taken or omitted to be taken or advice rendered or accepted on the basis of this work. For any defect in printing or binding the publishers will be liable only to replace the defective copy by another copy of this work then available.

यह कृति समर्पित है....

मेरे पूजनीय माता-पिता को,

जिन्होंने मुझे हर पल अपना बेटा माना और

वो सब-कुछ दिया जिसका मैं हकदार था।

मेरे पूजनीय गुरुओं को,

जिन्होंने नि:स्वार्थ भाव से मुझे स्वीकार किया।

आदरणीय बहन-जीजा जी को,

जिनकी वजह से मैंने मेरी रुकी हुई जिंदगी को फिर से गतिमय
बनाया।

और...

मेरे उन सभी फरिश्तों को,

जो प्रत्यक्ष या अप्रत्यक्ष रूप में मेरी जिंदगी में आए

और मेरी ख़ुशी की वजह बने।

आप सभी से मेरी एक ही गुजारिश है..

अपना प्यार मुझ पर यूँ ही बनाए रखियेगा!

क्रम-सूची

प्रस्तावना ... ix

मैंने यह कृति क्यों लिखी? ... xi

इनका आभारी हूँ मैं ... xiii

गुरु-वचन ... xv

1. महसूस करने दो उन्हें स्वतंत्रता ... 1

2. भिक्षुक ... 4

3. जो होता है खुशी में ... 7

4. कहाँ गए मेरे पिता ... 9

5. सूरज की तीखी किरणें ... 12

6. तेरी रक्षा और सुरक्षा ... 15

7. इतिहास ... 17

8. इशारा करती हो ... 20

9. किसान की हकीकत ... 22

10. जहर निकल रहे थे ... 26

11. मस्तिष्क की चलती ही नहीं ... 29

12. मेरे जिस्म को नोचा गया ... 31

13. जिगर का टुकड़ा ... 37

14. क्या है यह दुनिया ... 39

15. इस गंदे समाज में ... 43

16. घने वृक्षों के बीच ... 46

17. वहाँ कौनसा रास्ता जाएगा ... 48

18. चीर डाल तू उस आँधी को ... 50

क्रम-सूची

19. ख़ुश था साहिल — 52

20. काश ऐसा कुछ होता! — 54

21. मेरा गाँव है यह — 56

22. अमीर भारत का गरीब बच्चा — 58

23. एक हसीना — 63

24. आज का सूर्यास्त — 65

25. ना रास्ता दिख रहा — 67

26. हम एक हो जाएँ — 68

27. भीड़ के कुत्ते — 71

28. नेता मेरे देश के — 74

29. जवानी में बच्चा — 79

30. आपकी ही गोद में झूलूँगा — 81

31. नवोदय नाम दिया है — 84

32. फिर भी एक शायर हूँ — 87

33. सब भूल गए हैं बचपन को — 90

34. बचा लो आर्यवृत को — 93

35. मैं निर्दोष हूँ — 95

36. न चलाओ ये धर्म के धँधे — 98

37. एक तरबूज दो धर्मों में — 100

38. पाठशाला भी सुकून था — 101

39. लोगों की हवस मिटाती है वो — 103

40. आँसू: एक कहानीकार — 106

क्रम-सूची

41. बिगड़ गए हैं हम   108

42. भूख का गुलाम   110

43. वो चित्रकूट गई   112

44. विदाई बेटी की   114

45. धावक बोलने लगी है   116

46. पागल आशिक   118

47. अल्लाह का है आवास कहाँ।।   120

प्रस्तावना

लेखक के दिल से......

प्रत्येक मनुज के दिल में एक लेखक होता है, जो हर वक्त कुछ-न-कुछ लिखता रहता है। बस फर्क यही है कि 'ज्यादा उतावला कौन'! क्योंकि कुछ जन अपने मन को समाज की बेड़ियों में बाँध लेते हैं तो कुछ लोग टूटी हुई बेड़ियों के बावजूद भी आजाद नहीं हो पाते हैं। अगर कुछ लिखना चाहते हैं तो सबसे पहले आपको मानसिक रूप से स्वतन्त्र होना पड़ेगा। और इस मानसिक स्वतन्त्रता को प्राप्त करने के लिए आपको समाज से अलग होना पड़ेगा क्योंकि समाज के साथ रहकर आप व्यावहारिक ज्ञान सीख पाएँगे लेकिन 'स्वयं के साथ रहकर आप आंतरिक ज्ञान सीख पाएँगे।' अगर आप ऐसा कर पाएँगे तो मैं शत्- प्रतिशत विश्वास के साथ कह सकता हूँ कि आप एक स्वतंत्र लेखक हैं। आप उसी वक्त खुद को भरोसा दिला सकते हैं कि 'मैं आजाद पँछी हूँ'।

आप सोच रहे होंगे कि यह सब आपको क्यों बता रहा हूँ। आपको जानकर अति प्रसन्नता होगी कि आप ही मेरे वो प्रिय पाठक हैं जिनको देखने के लिए मेरी आँखें बेकरार रहती हैं। पाठक ही लेखक का कुटुंब होता है, इसलिए किसी भी बात को अपने परिवार से छुपाना शोभा नहीं देता। इसी कड़ी में अपने कुटुंब को आगे बढ़ाने के लिए मैंने यह कृति लिखी है जिसको बड़े प्यार से रचा गया है। मुझे लगता है जितना प्यार मैंने इस कृति को दिया है, उतने ही प्यार से आप भी इसे पढ़ेंगे।

मैंने यह कृति क्यों लिखी?

मैंने इस स्वतंत्र भारत में मिलने वाले हर उस ऑनलाइन स्रोत को खोजा जहाँ पर किताबों का भंडार हुआ करता है। मुझे जो चाहिए था वो किसी भी किताब ने नहीं दिया। मैंने बहुत सारी ऐसी किताबें भी पढ़ीं, जिनमें प्यार शब्द का भंडारा हो रहा था। लेकिन फिर भी मुझे उन कृतियों से संतुष्टि ना हुई। ऐसे बहुत-से कवि हुए हैं जिन्होंने अपने दिल से अनेक प्यारी प्यारी कविताओं की रचना की है। मैंने उनकी रचनाओं को अपने मष्तिस्क में बिठाया। उन में से कविता संग्रह की जितनी भी रचनाएँ पढ़ीं, उनमें लगभग बातें तो ऐसी थी जिनका जिक्र अगर ना हो तो कोई पहाड़ खड़ा नहीं होता। उन कृतियों में कुछ-एक के अलावा मैंने लगभग को कोई भी काम का नहीं पाया।

क्यों?? सीधी-सी वजह है कि उनमें जो वास्तविकता होनी चाहिये थी, नहीं थी। किसी को पता नहीं चत्र पा रहा था कि इन महान कवियों की ये कविताएँ वास्तव में कहना क्या चाहती हैं। साधारण जन जो कविताओं में रुचि रखते हैं, उनका भी मन आजकल उन कविताओं को पढ़ने का नहीं करता है क्योंकि महान कवियों की इन कृतियों में भाषा का ऐसा जँजात्र बिछा हुआ होता है कि कोई भी पाठक इन में से सुरक्षित बाहर नहीं निकल पाता।

मैं किसी भी महानुभाव के व्यक्तित्व को नीचा दिखाने की कोशिश नहीं कर रहा हूँ, बल्कि जो होना चाहिए था उसका जिक्र मैं यहाँ करना चाहता हूँ।

हाँ, मैं मानता हूँ कि हमें सकारात्मक सोच को हमारी बुध्दि में निवास करवाना चाहिए, परंतु ऐसी बातें सिर्फ और सिर्फ बोलने में ही सुंदर लगती हैं। आप स्वयं ही सोच कर बताईये कि एक

दिन के २४ घंटों में आप कितनी देर तक खुद के बारे में विश्लेषण करते हैं?

मुझे लगता है कि मेरी बातें अभी भी आपकी समझ से परे हैं। चिंता की बात नहीं है ।

सीधी-सीधी बात को समझने में जितनी आसानी होती है, ठीक उतनी ही परेशानी एक जटिल बात को मस्तिष्क में बैठाने में होती है। जहाँ तक मुझे याद आ रहा है। जब हम छोटी कक्षाओं में पढ़ा करते थे तो विद्यालय में प्रात:काल की प्रार्थना करने के बाद प्रत्येक बच्चे को भीड़ में खड़ा होकर एक-एक दोहा बोलना होता था। हम लोग पहले दिन ही एक नया दोहा याद कर लेते थे ताकि अगले दिन विद्यालय में सहपाठियों की उस भीड़ में हमें इज्जत से हाथ न धोना पड़े। हम लोगों को दोहे तो याद थे लेकिन उन दोहों का भावार्थ नहीं मालूम होता था। वजह यह थी कि उन दोहों की भाषा आम लोगों की पहुँच से दूर थी।

ठीक वैसे ही समकालीन कविताओं का हाल है। उनमें एक शब्द तो आकाश में होता है, दूसरा शब्द पाताल में वासित होता है। इसी दुर्लभ परेशानी से बचने के लिए मैंने शब्दों की महिमा बनाए रखी है। सरल भाषा का ध्यान रखते हुए मैंने कविता के हर पात्र की पात्रता को संरक्षित रखने का प्रयास किया है। मुझे लगता है कि अगर मेरी एक पंक्ति से भी देश में सकारात्मक क्रांति आएगी तो उस पल से ज्यादा खुशी की बात मेरे लिए कुछ भी नहीं है, क्योंकि

चाहे जान दो या दिल, वतन के काम आना है!
फौजी नहीं तो क्या हुआ, मुझे तो कलम उठाना है!!

इनका आभारी हूँ मैं

धरती पर जब एक नश्वर शरीर का जन्म होता है तो वह अकेला नहीं आता है। उसके साथ एक मार्गदर्शक भी होता है जो पल-पल पर उसे अनेक प्रकार की विपदाओं से बचाता है। ये बात अलग है कि उस घड़ी वो मार्गदर्शक माता-पिता के रूप में होते हैं।

जायज-सी बात है कि मैं भी इस विधि के विधान का अपवाद नहीं हूँ। मैं भी मेरे अपनों के मार्गदर्शन में जीता हूँ, जिन्हें अगर 'गुरु' नाम से पुकारा जाए तो उनके लिए बड़ी इज्जत और खुशी की बात होगी।

मैं आभार व्यक्त करना चाहूँगा मेरे आदरणीय गुरु जी श्री रमेश जी मिरासी एवं श्री हरीश कुमार मीणा जी का, जिन्होंने इस कृति को पढ़ा और दान के रूप में अपने अमूल्य विचार प्रदान किए। इन्होंने मुझे एकलव्य-सा शिष्य समझा और अर्जुन- सा प्यार दिया।

इनके गुरुत्व का मैं ऋणी हूँ।

गुरु-वचन

प्रिय राजेश लूणा को कविता संग्रह "बता ओ दिनकर..!" के प्रकाशन हेतु बधाई एवं शुभाषीश!

राजेश की इन कविताओं में एक सहज भाव भरा हुआ है, जो सीधा जाकर पाठकों के दिल पर प्रहार करता है।

राजेश ने कविताओं के माध्यम से एकदम सरल भाषा में उन प्रश्नों के उत्तर देने का प्रयास किया है, जो आम जन के मस्तिष्क में हमेशा बसे रहते हैं। कवि द्वारा रचित ये कविताएँ युवाओं के मन को चोट करते हुए एक ऐसा संदेश देती हैं जो पीढ़ियों से आजतक उन्हें बाँधे रखा हैं।

इस अद्भुत कविता संग्रह के लिए मैं इसके उज्जवल भविष्य की कामना करता हूँ।

शुभकामनाओं सहित!

(श्री हरीश कुमार मीणा)

- प्राचार्य

जवाहर नवोदय विद्यालय,

सरदारशहर, जिला चूरू (राज.)

प्रिय राजेश लूणा को कविता संग्रह "बता ओ दिनकर..!" के प्रकाशन हेतु साधुवाद एवं बधाई!

राजेश की कविताएँ मानव मन के संवेगों व भावनाओं की अद्भुत अभिव्यक्ति है। कवि ने जिन विषयों को अपनी कविता में उठाया है, निश्चित रूप से ये उसके परिपक्व कवित्व का प्रमाण है। आज के समय में हम जिन प्रश्नों से अपने आप को घिरा हुआ पाते हैं, कवि ने उन्हें शब्दों में पिरोकर अद्भुत कार्य किया है।

राजेश की कविताओं में रूमानियात है तो परिस्थितियों से जूझने की ललक भी है। युवा मन आक्रोश है, तो एक पिता की तड़प भी है। सार रूप में कहूँ तो राजेश की कविताएँ एक पिता, भाई, पुत्र के मन की बात को कहती हैं तो उसी सिद्दत से एक पुत्री, बहन, प्रेमिका और प्रेमी की भावनाओं को भी व्यक्त करती हैं।

ऐसे अद्भुत कविता संग्रह हेतु पुन: बधाई एवं शुभाशीष!
शुभकामनाओं सहित!

(श्री रमेश मिरासी)
हिंदी भाषा व्याख्याता
राजकीय उ. मा. विद्यालय,
मेहरासर उपाधियान, चूरू (राज.)

राजेश लूणा 'नवोदयन'

- इंडिया बुक ऑफ रिकॉर्ड्स होल्डर
- एशिया बुक ऑफ रिकॉर्ड्स होल्डर
- मेंबर ऑफ़ ए वर्ल्ड रिकॉर्ड

1. महसूस करने दो उन्हें स्वतंत्रता

था मैं इस तिष्य में स्थित,
सोचा मैंने जाऊँ आगस्ती में!
क्योंकि आते हैं अन्तक इसी दिशा से,
रखे दो पद इस जिज्ञासा में!!

मध्य में गई अबंक तो पाया कि ,
आते हैं मृत्युपति सभी दिशाओं से!
हो रहा है कुकृत्य हर जगह,
उठ गई मेरी निष्ठा इस जगत से!

एक वनिता का प्रस्थान अपने दफ्तर से,
सो चुका था उस वेला हमारा समाज!
लेकिन दरिंदों से निद्रा डरी हुई,
क्योंकि उनकी विशेषता ही है डरावनी!!

देखो भाग्य हमारे देश का,
है हमारे देश की नन्दिनी हम से डरती!

महससू करने दो उन्हें स्वतंत्रता,
क्यों उसे अपने तात पर यकीं नही?

चली थी पथ पर वो वनिता,
राही का समूह पास से गुजरा!
देख अकेली पूछ लिया जरा,
तब वनिता ने बताया माजरा!!

राही बोले "ए बहन,
खरीदेंगे यह पुण्य स्वयं!
पहुँचाएं हम तुझे तेरे घर,
हो कैसे तुम इतना गच पर?"

"था दफ़्तर में काम ज्यादा,
अभी भी अद्र्ध हो पाया था"
स्थिर हुई इतना कहकर वह,
वार्तालाप में ही पहुँचे वे गृह!

मनन करो इस वाक़्ये पर,
हम होते तनया के साथ तो!
नकारात्मक पहले सोचते,
फिर अपना मुनाफा ताकते!!

समझे चरित्र हर किसी का सौम्य,
नहीं जाते गाड़ी मे पति-पत्नी ही!
होते हैं कहीं भाई-बहन भी,
हम अपनी सोच बदलते क्यों नहीं!

वो पथ पर चलते राही,
क्यों बने उस सुता के सहायक?
क्योंकि वो नहीं चाहते हैं,
इस मानव जाति का अंत!

अगर बन जाए मेरे देश का
हर एक मनुज वो चलते राही!
इसमें की संदेह नहीं कि,
होगा 'दिव्यधाम' मेरा 'भारत' ही!!

2. भिक्षुक

खड़े रहते हो तुम मंदिर के आगे,
आधे सोए और अर्द्ध से जागे!
भूख से सिमटी हुई है काया तेरी,
फिर भी तुमको खाना कोई ना दे!!

बच्चे भी है तेरे साथ में भूखे
भूख-प्यास से पड़े अधर-पुट सूखे!
खाना माँगे ये दिन दाता से,
जैसे हाथ बुलाए कुत्ते!!

पत्नी का तो हाल ही बुरा,
भूख से पेट कराहता पूरा!
घूँट आँसुओं के पी जाती,
बनती सामने सबके जमूरा!!

कैसा आनंद इन लोगों का,
आशा नहीं इन्हें एक मिनट की!
खाना मिल जाए तो है जिंदा,
वर्ना खाक है जिंदगी इनकी!!

क्यों बन जाते हैं यह ऐसे,
क्यों नहीं इनके पास है पैसे?

इन लोगों की वजह से ये सब,
हमेशा हैं पड़े रहते मरे-से!

"क्यों माँगते हो तुम भाई?
इससे अच्छा भुगतो सजा ही!"
कहने वाले इनको कहते,
-"क्या माँगने में है तुम्हारा मजा ही?"

माँगना भी एक बुरी बला है,
इससे अच्छी न कोई कला है!
माँगना क्या है उससे पूछो,
तानो से जिसका हृदय जला है!!

लेकिन सुन तू ओ मेरे भ्राता,
हाथ रखेगा तेरे सिर पर विधाता!
एक दिन ऐसा आएगा कि,
तू बन जाएगा सबका दाता!!

3. जो होता है खुशी में

जो होता है खुशी में,
नहीं जता पाता अपनी खुशी!
जता पाता है तो सिर्फ,
अपने दिलो-दिमाग में हलचल!!

जो होता है खुशी में,
महसूस नहीं कर पाता दुख!
महसूस कर पाता है तो
सिर्फ और सिर्फ,
वर्तमान का आनंद!!

जो होता है खुशी में,
ज्ञात होगा उसका मेल-मिलाप भी!
वह देता आमंत्रण उनको,
चाहता है वह जिनको!!

खुशी के नजरिए में,
हैं एक ही, पागल और हम!
बस पागल ज्यादा खुश,
और हम रहते हैं ख़ुश कम!!

खुशी ही घूमाती-फिराती,

सादगी से पागलपन तक!
खुशी के थोड़ा असंतुलन से,
हर कोई बनता है पागल!!

खुशी है विद्युत की तरह,
ना हो ज्यादा और ना कम!
पागल करती खुशी की अति,
और अल्प हो, तो भी पागल!!

लेकिन अब तो यह खुशी भी,
मिलने लगी है मुश्किल से!
खरीदी जाने लगी है पैसों से,
संतोष की खुशी कहाँ है.!!

4. कहाँ गए मेरे पिता

मेरे प्रथम गुरुओं में से,
एक मौजूद है, एक नहीं!
कोई न जाने इस दुनिया में,
वो खो गए हैं कहीं!

याद आती है कभी-कभी,
मेरे बचपन की वह झलक!
गायब हुआ वह कोहरा सा,
झपकते ही मेरी पलक!!

देखने को मैंने दुनिया,
पकड़ा मेरे पिता का हाथ!
ना जाने उनको क्या सूझा,
छोड़ चले वो साथ!!

मैंने उनसे पूछनी चाही,
वजह उन्होंने नहीं बताई!
मन भर लेता यही सोचकर ,
निकल गए आगे वे राही!!

नहीं देखा एक बार भी,
उन्होंने हमारी तरफ!

देखने के बाद भी,
क्या पड़ता उनको फर्क!!

प्रकृति भी कितनी
बुराई करने को तैयार!
नहीं करने देती
किसी को, अपनों से प्यार!!

न जाने यह ऐसा क्यों करती है,
चाहने वाले को वह चीज मिलती ही नहीं!
बल्कि किसी और के रास्ते में,
फेंक देती है कहीं!!

नहीं मिली हमें वह बचपन की खुशी,
थी जो प्रकृति भी हमसे रूठी!
कोई तो बताओ इसे कैसे मनाऊँ मैं,
कैसे मेरे दिल की खुशी वापस बुलाऊँ मैं?

प्यार देखकर किसी पिता का,
मेरे पिता की स्मृति आए!
यह भी है कमबख्त जो दुनिया,
लोगों का यूं दिल जलाए!!

हे प्रिय, प्रिय से प्रियता रख ले,
वरना हो बिन उनके अकेले!
अति धन्य मेरे माता-पिता,

जो हमारे लिए सब सुख तजे!!

गर आए वापस मेरे तात,
बढ़ जाए खुशी मेरी दो हाथ!
उन्हें आना भी तो चाहिए
क्यों चले गए वह अकस्मात!!

5. सूरज की तीखी किरणें

चिड़िया निकली अपने घर से,
खाना तलाशने जाती है!
जब सूरज की तीखी किरणें,
पूर्व से निकल आती है!!

भजन-आरती बजते रहते,
हर धार्मिक स्थलों पर!
थिरकतें हैं सब भक्त-गणादि,
इन प्रियतम भजनों पर!!

भजनों की आनंदमयी तानें,
हर कानों तक जाती है!
जब सूरज की तीखी किरणें,
पूर्व से निकल आती है!!

खेतों में हलचल हो जाती,
कृषकों के ख़ुश चेहरों से!
फसलों की रखवाली करते,
ये बिना नींद के पहरों से!!

खेतों की फसलें ख़ुश होकर,
ताजगी से लहराती है!

राजेश लूणा 'नवोदयन'

जब सूरज की तीखी किरणें,
पूर्व से निकल आती है!!

होड़ लगी होती है सबकी,
पहले पानी कौन भरेगा!
जो जीतेगा वही सिकंदर,
महान वही, जो जिद्द करेगा!!

सुबह-सुबह पानी की टोंटी,
चहल- पहल करवाती है!
जब सूरज की तीखी किरणें,
पूर्व से निकल आती है!!

पढ़ने वाले विद्यार्थी,
हर दिन पढ़ने जाते हैं!
शाला जाने के खातिर ये,
अपना बस्ता उठाते हैं!!

गृह कार्य पूरा नहीं होता,
इसकी चिंता खाती है!
जब सूरज की तीखी किरणें,
पूर्व से निकल आती है!!

खुले आसमान में ये पंछी,
जीत की होड़ लगाते हैं!
एक भी पंछी नहीं हारता,

बता ओ दिनकर..!

ये सब की जीत मनाते हैं!!

भूख-प्यास के अथक प्रयास में,
कुछ चिड़ियाँ ढल जाती है!
जब सूरज की तीखी किरणें,
पूर्व से निकल आती है!!

6. तेरी रक्षा और सुरक्षा

तेरी रक्षा और सुरक्षा,
देखकर मैं हुआ हैरान!
तेरे इस गुण के कारण ही,
गर्व करता संपूर्ण जहान!!

देश की रक्षा के खातिर,
त्याग अपना खुद का किया!
हम सबका सूरज हो तुम,
चाहे, और कहीं, हो दीया!!

सीमा पर जाओगे तुम,
चाहे तुम्हारी हो माँ बूढ़ी!
थोड़ा सा बदला लिया करो,
तेरी कमी से वो बहुत दुखी!

तेरे बिना सब सूना-सूना,
बीवी करे इंतजार तेरा घर!
कुछ कहनी हो दिल की तुम्हें, तो
अपनी सुनाए पत्र भेजकर!!

बच्चे हमेशा पूछे मम्मी से,
-"मम्मी पापा कब आएंगे?

खातिर हम दोनों भाई-बहन के,
खिलौनें वो कब लाएंगे?"

उन्हें क्या मालूम हमारे पापा,
जान हथेली पर ले घूमते!
पल पल पर खतरा मंडराता,
सीमा पर सब रिश्ते भूलते!!

किसी ने क्या सोचा है, अबतक
वीर ही क्यों लड़ते हैं जीवन भर?
हम भी हो इनके साथ तो,
विधाता बनता है इनका दुश्मन!

7. इतिहास

पूछो हवा की लहरों से,
अपना इतिहास तक बता देंगी!
वे भी है सर्वोत्तम खुद में,
अपना नाम भी बता देंगी!!

एक तरह से बातें कर लो,
वह प्यार से बातें करेगा!
लेकिन तान छेड़ोगे अगर तुम,
तो वह काँटा चुभा देगा!!

ततैया भी प्यार करेगा,
वह इसमें भी कम नहीं है!
आपकी इच्छा उसे मारना?
तो इतना भी नरम नहीं है!

वह मानता है खुद को,
इस दुनिया का एक हिस्सा!
वह भी चाहता है कुछ करना,
गाएँ लोग उसका भी किस्सा!!

यहाँ तक कि रेत का कण भी,
खुद को खुदा समझता है!

गिर जाए गर वह आँखों में,
नानी याद दिला देगा!!

एक नन्ही-सी चींटी भी,
अपनी इज्जत की गुहार करे!
इस दुनिया में हर एक जीव,
खुद को ही खुद प्यार करे!!

वायरस से हाथी-जिराफ तक,
हक़ जमाना चाहते हैं!
हो कैसा भी उनका तरीका,
इतिहास बनाना चाहते हैं!!

असफलता से मिला मैं,
पूछ पड़ा उससे कुछ बातें!
-"रुला ही दिया तूने मुझको,
क्यों करती हो ऐसी शरारतें?"

बड़ा ही प्यारा जवाब उसका,
"दुनिया में क्या आप ही हो सब?
आप ही कर दोगे सब-कुछ, तो
हम इतिहास रचेंगे फिर कब?"

believe in
yourself

8. इशारा करती हो

देखती हो तुम सामने मेरे,
कुछ बात ना कर पाती हो!
कुछ इशारा करती हो, और
मुस्कुरा कर चली जाती हो!!

मैं करूं इंतजार तुम्हारा,
पास मेरे तुम आओगी!
मुझे सुना कर अपने दिल की,
मुस्कुराती हुई जाओगी!!

मैं समझता हूँ तुम्हें,
तुम तो हो कुछ शर्मीली!
लेकिन मैं हूँ सुनना चाहता,
तुम्हारी वह आवाज सुरीली!!

रात को मैं जब सोता हूं,
तुम्हारे सपने आते हैं!
सपने भी है बड़े ही कातिल,
तुम्हारी याद दिलाते हैं!!

सुबह-सवेरे जागे रहता,
तुम्हारी प्यारी यादों में!

तुम कभी भी आती ही नहीं,
किसे भरूँ मैं बाहों में!!

9. किसान की हकीकत

एक किसान की हकीकत,
कुछ इस तरह होती है!
उस किसान के साथ-साथ,
उसकी किस्मत भी रोती है!!

आता है जब सावन उसका,
आशावादी बन जाता है!
सोच सोच कर भूत-भविष्य,
खुशियों के गीत वह गाता है!!

खुशी-खुशी में, पागलपन में,
करंट दौड़ाए अपने तन पे,
कर चुका दूंगा मैं सबका,
यही सोचता रहता मन में!!

दिखती है जब एक बदरिया,
तब भी वह खुश हो जाता!
अगर बरस जाए वर्षा रानी,
सोचो, तब तो त्यौहार मनाता!!

नहीं मनाने देता उत्सव,
अतः खुशी थी अल्प समय की!

शनै: शनैः आंखों के सामने,
मेघा गुजर गए ऊपर से ही!!

करे तो, करे भी क्या बेचारा,
'बादल' थे, बस में ना होते,
दिल तो फिर भी टूटा सा था,
आँसू ना थे, तो क्या रोते!!

आशा फिर भी नहीं छोड़ता,
अगली बदरिया को झाँके!
वह बादल भी दयाहीन था
चला गया वह भी आगे!!

ऐसे गुजरा सावन महीना,
भादौ- कांति भी गुजर गए!
न गिरा पानी का बूंद जमीन पर,
विधाता से विधाता मुकर गए!!

लग रहा है मानो ऐसे,
यह धरती भी रो रही थी!
प्यासी थी क्योंकि कई माह से,
टुकड़ों में खुद को तोड़ रही थी!!

देखा न जाए चेहरा उसका,
देखे, तो दिखता रोता मुखड़ा!
चलता फिरता बैठा सोचे,

-"मेरा परिवार क्या है भूखा पड़ा?"

अगर कहीं पर धान उग गया,
चारों वर्ष अकाल बाद भी!
साथ हुई प्रकृति मुश्किल से, तो
पीछे पड़ी यह सरकार भी!!

वह अनाज जो कृषक बेचे,
40 रूपये का किलो होगा!
बेचे अगर सरकार उसी को,
होगा भाव 100 रूपये किलो का!!

किसके पीछे कौन पड़ा है,
यह तो दिखता ही है सामने!
धरने भी ना ध्यान दिलाते,
अतः इसे भी त्यागा किसान ने!!

करेंगे क्या आप जबरदस्ती,
ना लूँ जब कोई भेंट आपसे?
कृषि कानून भी था कुछ ऐसा,
अतः बेटा न जाने ज्यादा बाप से!

मैं भी पड़ा असमंजस में,
कौन है किसान का एक भी साथी!
साथ नहीं कोई सिवाय कुटुंब के,
शायद इसीलिए खाता है फाँसी!!

10. जहर निकल रहे थे

जिंदा रखा है मैंने आज तक,
मेरे सभी सपनों को!
लेकिन, पता नहीं क्यों
कुछ सपने
मरते दिख रहे थे!!

मेरी जिंदगी ने आज कल
जवाब देना शुरू किया है,
लेकिन मैं भी कौनसा कम हूँ!
मेरे सपने
मेरी जिंदगी की
जिंदगी लिख रहे थे!!

सपने भी वो पाले हैं मैंने,
जो अमीरों के यहाँ होते हैं!
वरना मैंने उनको भी देखा है,
जो पैसों के लिए
बाजारों में बिक रहे थे!!

मैं दाद देता हूँ उन लोगों की,
जिन्होंने संभाला
हर पल खुद को!

मगर, कुछ ऐसे भी लोग थे,
जो अपनों से
लाखों बार बिछड़ रहे थे!!

जब माना हर बेटी को बहन,
तब भी हार्मोन उछल रहे थे!
और इस हवस के कारण
सब मुझसे दूर निकल रहे थे!!

नहीं है यह मुझ तक ही सीमित,
एक ही आदत हर जन की थी!
देखकर हर किसी की बेटी को
वहां सब बदमाश पिघल रहे थे!!

मान लिया मैंने इस आदत को,
ख़ुद के बस में कर लिया थ!
मुझे अकेले का क्या करना,
बाकी सब तो
जहर निकल रहे थे!!

11. मस्तिष्क की चलती ही नहीं

दिल धड़कता ही नहीं,
संजोए रखता है कई यादें भी!
हर अच्छी और बुरी चीज को,
खुद से जोड़ लेता है यह!!

नहीं करता यह सिर्फ,
शरीर में रक्तसंचार ही!
बल्कि जोड़े रखता है,
कई रिश्ते एक अनूठे बंधन में!!

यह होता है तब दुखी, जब
करता है कोई इसे दुखी!
यह रोता भी है लेकिन,
किसी को दिखाता नहीं!!

गजब का सहयोग है,
शरीर में अंगों का भी!
जब होता है यह चिंता में,
तेज गति से लगता धड़कने!!

सब प्रक्रियाएं शरीर में,
जिम्मे होती है मस्तिष्क के!
लेकिन दिल भी है रहता,
मस्तिष्क के सहयोग में!!

हावी होता दिख रहा है,
समाज में भी इसका जज्बा!
इसकी ही सब मानते हैं,
मस्तिष्क की चलती ही नहीं!!

12. मेरे जिस्म को नोचा गया

एक बेटी की लाश,
पड़ी थी पिता के घर के आंगन में!
खून से लथपथ,
शरीर पर लाखों झपट,
खुद की मौत पर
वह ख़ुद आँसू बहाती हुई!!

उसकी उम्र भी बहुत कम,
सिर्फ पाँच साल!
सही से चलती भी ना थी,
और हकलाती हुई तोतली-सी जबान!!
हो गई थी शिकार वह,
इस पूरे समाज की!
ना ही नया शिकार था,
और ना नई शिकार थी!!

घर के कोने-कोने में,
हो रहा था हो हल्ला और विलाप!
तभी अचानक बादलों में
तेज चमक और गर्जना हुई।

उस बेटी की हकलाहट वाली
तोतली आवाज ने,
रोते पिता को आवाज दी
जलती तेज रोशनी से,
और तनिक बतलाने लगी!!

-"हे पिता!
लोग कहते हैं ना कि
कन्या भ्रुण हत्या पाप है,
पर मेरी सोच
इन सबके खिलाफ़ है!!
वो हत्या वाली रीति,
होनी चाहिये थी!
वो पहले वाली सोच,
होनी चाहिये थी!!
वैसे भी हम जैसी छोरियाँ,
इस भूखे जंगल में
जी कर भी क्या करेंगी?

मार डालते हैं वैसे भी
जीते जी ही लोग हमें!
मेरी दीदी भी वैसे मरी,
जैसे मुझको मारा है!!
लेकिन,
सह लिया गया था
वह दर्द मेरी दीदी से,
क्योंकि वह मर चुकी थी

इस दर्दनाक मौत से पहले ही

बच्ची थी लेकिन मैं तो!
नहीं पता था मुझको,
बेहोश कैसे होते हैं?
मैं थी मासूम इतनी कि,
'मासिक धर्म' से अंजान थी।
की गई इतनी दरिंदगी मुझसे,
जिसे देखकर आसमान भी
चकराकर घूमने लगा!
गिर जाता तो अच्छा रहता,
बस मुझ पर गिरना बाकी था!
अगर वह गिरता, तो मुझे मरकर
कम से कम शांति मिल जाती!!

हे पिता!
नहीं पता था मुझे कि
ऐसे दरिंदे आपके घर में भी है!
नहीं पहचान सकी थी मैं,
हर आदमी हवस का भूखा है!!
बचपन से मैंने तो सीखा,
हर मनुज प्यार बिन रुखा है!
लेकिन मैं झूठी निकली,
मैं सरासर झूठी थी,
एकदम झूठी!
मुझे आज एहसास हुआ है!!

हे पिता!
क्यों बताया नहीं आपने
अपने घर में भी सतर्क रहना?
क्यों सिखाया नहीं आपने
कभी अन्याय को सहन 'ना' करना?
अरे क्यों नहीं बताई आपने
अपनी रक्षा खुद ही करना?
ना सताए भूलकर भी
ताकि मुझे आदमी कोई।
क्यों किया नहीं मुझे आपने
उनसे समझदार ही पैदा?
ताकि हलचल पढ़ सकूँ मैं
दरेक के दिलों-दिमाग की।

हे पिता!
उस दरिंदे ने मुझ को
फँसाया अपने जाल में था।
खिलौनों के बहाने उसने
थोड़ा बहलाया-फुसलाया।
आप खिलौने तो ला देते
मुझे बहुत सारे,
ताकि उसको कह देती मैं
गर्व से, ऊँची गर्दन से 'ना'!
क्यों बनाया था मुझको
आपने इतनी सकारात्मक कि
मारे अगर कोई थप्पड़ मुझको

उसको भी मैं 'शुभ' समझ लूँ?

चलो जाने दो अब इन बातों को,
यह आपकी नहीं,
मेरी ही गलती थी,
नहीं होना था मुझे पैदा ही!
लेकिन आप एक काम तो करना,
पैदा न करना बेटी को कभी!
अगर ऐसा हो जायेगा तो
बिन बेटी के रह जाओगे,
बेटी होने के बावजूद भी!
तड़पोगे वो अलग जीवनभर,
करवा देना भ्रूण हत्या ही
इस 'सदमे' से तो अच्छा है!

हे पिता!
कहना चाहती हूँ एक बात
जो अभी भी मेरे मन में है।
किया गया था मेरे साथ
बलात्कार सम कुकृत्य,
टूट गई थी मेरी आस्था
इस समाज से
उसी समय ही।

सच कहूँ,
नहीं भरोसा रहा मेरा अब
आपके भगवान पर भी!

अगर वो होता इस दुनिया में
क्यों नहीं मुझे बचाया उसने?

अगर यही था मेरी किस्मत में,
आपके भगवान को
क्यों शर्म नहीं आई जिसने
मेरी किस्मत में बलात्कार लिखा??

13. जिगर का टुकड़ा

सोचा था थोड़ा मजाक कर लूँ,
पर मजाक ही भारी पड़ गई।
मेरे जिगर के टुकड़े को,
वह मजाक तो घाव कर गई।

मन तो बस इतना था कि,
बड़ा हो कर भी बचपना करूँ।
चाहा था जाने-अनजाने में भी
मेरे दोस्त को खता न दूँ।।

नहीं मानता यह दिल फिर भी,
उछल-कूदता रहता है।
जो करीब है मेरा सबसे,
उसे ही सब कुछ कहता है।।

रूठा हुआ है मेरा दोस्त अब,
छोटी-छोटी बातों को लेकर।
मुँह मोड़ लिया उसने मुझसे,
बात नहीं करने का कहकर।।

तुमको खुश करने के खातिर,
एक कोशिश अभी बाकी है।

कितना कोई प्यार करे, पर
सबसे प्यारा मेरा साकी है।।

14. क्या है यह दुनिया

दुनिया बड़ी कमाल की है,
पता ही नहीं है किसी को
कि, क्या होगा अर्थ इस,
'कथनी- करनी' शब्द का?

सब दोगले बैठे हैं मेरे पास,
चाहे गैर हो या अपने।
फँसाने के बड़े झाँसे रखते हैं,
दिखाते कुछ नहीं, बस सपने ही सपने।।

और, जिसे प्यार दिखाना चाहिए,
वह जन्म से अब तक दिखा चुका।
अरे! ज्यादा ना बोला मैंने,
बस 'माँ-बाप' का जिक्र किया है।।

ना सोचो ज्यादा मेरे दोस्त,
ऐसे तो आए हैं मेरी भी जिन्दगी में।
थे तो गैर, पर दिल से जुड़ गए,
और, जो दिल से जुड़ा, वो गैर कैसा!

लय नहीं डाला जरा-सा भी ग्र,
मैंने पंक्तियों की किसी गली में!

सोच लेना, मैं भाव नहीं,
भावनाएँ जताना चाहता हूँ!!

यह बात थी तब की जब,
टूटे थे सब सपने किसी के।
अरे! उम्र भी बहुत कम थी,
यही कोई सत्रह-अट्ठारह साल।।

सपने थे उसके अमीरों जैसे,
हाल यह कि पढ़ा मुश्किल से।
बदतर था खुद गरीब से भी,
और चला था गरीबी मिटाने।।

होती अगर उसकी यह चाहत,
बन सकता था सबका चहेता।
ना थी जिंदगी उसके बस में,
पिघल गया वह भावना में था।।

सुधर गया था ठोकर खाकर,
ठोकर से तो लगी भी ज्यादा।
चलूँगा अब रख अच्छे रास्ते,
करने लगा वह खुद से वादा।।

लगा जीतने था दिल सबका,
और किसी ने हालत पर दया की।
अरे! खून का रिश्ता ना था उसका,

राजेश लूणा 'नवोदयन'

'खुद का सगा' था माना फिर भी।।

रहता कौनसा समय एक है,
आता सबका अच्छा-बुरा।
वह साथ उसके भी ऐसा,
'अच्छे' आने तक वह चुप रहा।।

चिड़ थी जिनको 'नीच' लोगों से,
उन्होंने भी उसे गले लगाया।
सब के सब थे प्यार बाँटते,
अपने साथ ही उसे बिठाया।।

वो थे खाते जिस थाली में
वह भी उसी में खाया करता।
ऐसा नहीं कि 'हराम' था वह,
सबके साथ था विनम्र रहता।।

कौन है कहता रहता ऐसा,
"नहीं भरोसा है दुनिया पर"।
अरे! सब अपने ही है प्यारे,
आपबीती तुम बताओ उन्हें गर।।

"माता पिता को छोड़ और कोई,
अपना इस दुनिया में कौन है?"
मैंने पूछा धरती-माता से,
तब से पड़ी हुई यह मौन है।

ध्यान दिलाया मैंने उस पर,
हुआ जो उस बच्चे के साथ था।
"मुझे भी चाहिए ऐसा आनंद",
'खुदा' भी लेने चला चाल था।।

समझ चुका है 'राज' खुदा भी,
इस दुनिया के काले सच का।
'नीच' शब्द जब सुना खुदा ने,
उनको भी लगा बड़ा-सा झटका।।

इसीलिए तो कहता हूँ मैं,
कोई ना अपना, ना है पराया।
प्यार-व्यार वाली बात ना रही,
'अपने' तभी, जब पास है 'माया'।।

15. इस गंदे समाज में

हैं बहुत सी बातें मन में,
लेकिन समझ नही आ रहा
किस बात को पहले कहूँ,
और
पता नहीं किसे कहूँ!

कुछ विचार करके अनुभव पाया,
मेरे देश की हर बेटी
हो कहीं भी जो,
सुरक्षित नहीं है।
वैसे तो मेरे देश में
कोई भी सुरक्षित नहीं है,
यहाँ तक कि नेता भी!
लेकिन, उनको कुछ
अलग ही किस्म का डर है!!

गर बात हो यहाँ
इज्जत की, तो
मुझे खयाल आता है
मेरे देश की उन बेटियों का,
जो मासूम होते हुए भी
हत्थे चढ़ जाती हैं,

बता ओ दिनकर..!

समाज के सामने
मासूम दिखने वाले
उन राक्षसों के!!

हाँ बिल्कुल!
हाल बता रहा हूँ मैं
उन्हीं बहन-बेटियों का,
जो एक माल समझी जाती है
इस गंदे समाज में!!

यहाँ लय नही है
एक पंक्ति में भी,
क्योंकि दिखानी है मुझे
इस समाज की सच्चाई!
परखना हो अगर लय,
तो फेर लीजिए नज़रें,
मेरी किसी दूसरी कविता पर!
है यहाँ तो सिर्फ,
सच्चाई,
सच्चाई, और सच्चाई!!

चलती भीड़ में
और एक शरीर में,
साफ मालूम होता है फर्क,
जब भरे बाजार में,
गुजरती हुई
एक लड़की के शरीर पर,

पूरी भीड़ की निगाहें होती हैं।
रस चढ़ जाता है,
पूरी भीड़ पर
कामवासना का,
किसी की बेटी को
सिर्फ अकेली देखकर!!

16. घने वृक्षों के बीच

पक्षियों की चहचाहट,
और घने वृक्षों के बीच
सुकून बँट रहा था।
सोचा, थोड़ा मैं भी बटोर लूँ,
और विराजा वहां पर
जिंदगी को तनिक आराम देने।।

पास में बहती नदी,
कलकल करता जल
जीवन का मोल गा रहे थे।
शीतल हवा के झोंके,
और वह शीतल छाँव
निद्रा की घूँट पिला रहे थे।।

एहसान उधार माँगे,
एक वृक्ष से
और तनिक आराम खरीदा।
उसे पीने की कोशिश की,
बहुत आसान था
उस 'आराम' को पीना।।

नशा छा गया

आँखों में शराब जैसा,
कब दिन की रात हो गई।
नशा उतरा, आँखें खुलीं,
और आज फिर
सुकून से मुलाकात हो गई।।

सँभाला खुद को थोड़ा,
उस पल मेरी जिंदगी
अनजान सी लग रही थी।
पक्षियों के घोंसले में,
नजरें फेरी, देखा, कि
महफिल सज रही थी।।

साज-बाज देखकर,
मेरे दिलों-दिमाग में
प्यार उमड़ रहा था।
आनंद लूटने के लिए,
मैं उन पक्षियों का
हवा में उड़ रहा था।

17. वहाँ कौनसा रास्ता जाएगा

जीना मुझे सुकून का जीवन,
कोई ऐसा 'देश' बताएगा?
जहाँ नहीं कोई भेदभाव हो,
वहाँ कौनसा रास्ता जाएगा?
जहाँ हर बेटी की इज्जत हो,
और हर माँ का हो सम्मान।
जहाँ 'गुरु' ही हो सर्वस्व,
पिता को मानते जहाँ भगवान।।
हो काँटों का नाम भी ना जहाँ,
हो केवल बस कोमल फूल।
जहाँ होती हो सच की पूजा,
चले ना थोड़ी-सी भी झूठ।।
हर कोई अपनी आजादी में,
जहाँ प्यार का गाना गाएगा।
जहाँ नहीं कोई भेदभाव हो,
वहाँ कौनसा रास्ता जाएगा?
एक जने का हाल बँटाने,
सुख-दुःख में सब आगे आए।
हो ऐसा परिवार, जहाँ पर
मिलजुलकर हर बाधा हराए।।

जहाँ हर बच्चे की भाषा में,
प्यार झलकता रहता हो।
'संस्कार' को 'माँ' बोले, और
भाई को 'भ्राता' कहता हो।।
समानता का भाव देख जहाँ,
पुष्प भी खुद खिल जाएगा।
जहाँ नही कोई भेदभाव हो,
वहाँ कौनसा रास्ता जाएगा?

18. चीर डाल तू उस आँधी को

वह मेरे मनवा रे...
आशा दिला दूँ तुझको मैं।
गूँजेगी सफलता चारों और,
होंगे तेरे जय-जयकारे।।
हर समुद्र की लहरों को,
पलटने का तू साहस रख।
दुनिया की हर झूठी बातें,
साहसी तन के पास न रख।।
ललकार कर भगा दे तू,
शैतानों की मृगतृष्णा को।
मैं ही हूँ दुनिया का राजा,
बता दे तू इस दुनिया को।।
अपनी कीमत जाननी हो जब,
पूछना जाकर अपनी माँ से।
जब आया तू इस दुनिया में,
कितना दर्द सहा तेरी माँ ने!!
बता दे तू उन तूफानों को,
तेरे बाजू में है कितना दम।
चीर डाल तू उस आँधी को,
जो करती तेरे हौसले को कम।।

अपनी मुट्ठी के बस में,
कर ले इस दुनिया का हर पल।
तभी तू कर पाएगा सच में,
सही सफलता को हासिल।।

19. ख़ुश था साहिल

लहरों को हराने के लिए,
मैंने साहिल से दोस्ती की।
क्योंकि वह कमजोरों के,
आशियानों को तोड़ती थी।।

लहरों को मिटाने के लिए,
मैं समुद्र में चला गया।
समुद्र की तह ने मुझे,
ख़ुद के अंदर समा लिया।।

लाख कोशिशों के बाद मैंने,
जाल से ख़ुद को छुड़ा लिया।
इतिहास में रचित होगा, मैंने
समुद्र की लहरों को हरा दिया।।

विजयघोष कर तैर आया, और
साहिल की गोद में आ बैठा।
वो भी चुप, और मैं भी चुप था,
बेचारे को अब क्या कहता।।

ख़ुश था साहिल, एक वीर,
जो लहरों से बच कर आया है।

मौन-संकेत के जरिए उसने,
'माँझी का बेटा' बताया है।।

• 53 •

20. काश ऐसा कुछ होता!

होता अगर कुछ ऐसा,
हर कोई जान लेता।
नाप सकता हर कोई,
वो दबाव,
जिसके नीचे कुचले हुए हैं सब।

कोई आज गरीब नहीं होता,
कोई आज भूखा नहीं सोता।
और किसी की याद में,
ना ही कोई आज रोता।।

काश! कोई समझ पाता,
मस्तिष्क के ताप को।
खुद को रुलाकर कोई,
नहीं जागता रात को।।

ना टूटता पहाड़ किसी पर,
विपदाओं- बाधाओं का।
ना होता शिकार के जैसा,
शिकारी की अदाओं का।

बतला सकता था हर कोई,

शीतल हवा के झोंकों से।
देख लेता दुनिया हर कोई,
उन छोटे-छोटे झरोखों से।

स्वयं को सम्भालने की,
एक समझ सब को होती।
तो आज यह धरती भी,
बड़े चैन से सोई होती।।

21. मेरा गाँव है यह

सौ साल पहले की खुशियाँ,
आज भी मेरे गाँव में है।
मानवता यहाँ एक-एक जन की,
बंधी हुई एक समाज में है।।

यहाँ आज भी बीच गाँव में,
महफिलें सजाई जाती है।
उत्साहवर्धन के खातिर यहाँ,
ताली भी बताई जाती है।।

बड़े-बुजुर्गों के साथ यहाँ,
सब इज्जत से पेश आते हैं।
अकेला कुछ भी नहीं है कोई,
पिता के नाम से जाने जाते हैं।।

नहीं चूकता हाथ किसी का,
भूखे को 'भोज' कराने में।
ढूँढो हम-सा शहरों में भी,
नहीं मिलेगा इस जमाने में।।

कुछ तो यहाँ कलाम भी हैं,
मेरे गाँव के चौपाल पर।

कोई भी नही हँसता है यहाँ,
कछुए की धीमी चाल पर।।

आओ आज तुम भी मेरे,
गाँव के पावन आँगन में,
खूब रोवोगे जाते वक्त तुम,
खुश थे जितने आने में।

22. अमीर भारत का गरीब बच्चा

इस अमीर भारत का गरीब बच्चा,
कुछ सपने सँजोने चाहता है।
इतनी बड़ी कामयाबी के लिए,
वह बहुत ठोकरें खाता है।।

ठोकरों के साथ-साथ में,
गमों को भी इसने पिया है।
जिन्दगी के हर लम्हों को,
इसने बखूबी से जिया है।।

ऐसा नहीं कि इसने सिर्फ,
ठोकरें ही खाई है।
इसकी भूखी प्यासी आँखें,
बादामों को भी देख पाई हैं।।

पर बादाम भी इतने गरीब,
अपना असर ना ला पाए।
पास अमीर के, आए अमीरी,
दीन के पास दीनता आए।।

कम नहीं है वह बच्चा भी,
अमीर बादाम ही लाता है।
इस अमीर भारत का गरीब बच्चा,
कुछ सपने सँजोने चाहता है।।

प्राथमिक शिक्षा पूर्ण करके,
वह प्रतिस्पर्धा में जुट गया।
खूब पीटा इसने मेहनत को,
तब कोई जाकर चयन भया।।

सरकार के पैसों से वह,
कुछ वर्ष तो मुफ्त में रहा।
माध्यमिक वहाँ उत्तीर्ण करके,
वहाँ से फिर अलविदा कहा।।

अग्रिम कक्षा में प्रवेश को,
राजी नही उसकी स्थिति।
तब एक साल के खातिर,
उसने खुद को कहा इति इति।।

लगातार वह अपनी शिक्षा,
पूर्ण नहीं कर पाता है।
इस अमीर भारत का गरीब बच्चा,
कुछ सपने सँजोने चाहता है।।

जिनके होते अलग रास्ते,
अलग सोच होती इनकी।

इनका साथ नहीं देते अपने,
बल्कि और होते सनकी।।

जिसने भी समझौता किया है,
आप बताओ क्या वह उठ पाया?
भीड़-भाड़ वाली इस दुनिया में,
कभी सफलता का गाना गाया?

तभी तो प्रकृति का नियम,
छोटे मालिक को भी मालिक कहे।
नौकर चाहे हो कितना भी बड़ा,
सदा मालिक के पैरों में रहे।।

इन्हीं सबको मद्देनजर रखके,
अपनी सोच को बढ़ाता है।
इस अमीर भारत का गरीब बच्चा,
कुछ सपने सँजोने चाहता है।।

सपने जिंदा रखने के खातिर,
धैर्य धारण है करना पड़ता।
पर कभी-कभी धैर्य धारित से,
समय गया और मनुज है सड़ता।।

ऐसा ही होता उस बच्चे का,
अगर वह धैर्य वाला होता।
अगर पैसे की कमी से डरता,

तो वह अपनी जिंदगी खोता।।

इस दुनिया के कुछ फरिश्ते,
अभी भी इस बच्चे के साथ थे।
उसके अपने साथ न हो तो,
इस बच्चे के हाल बेहाल थे।।

इन लोगों की कृपा से वह,
फिर से विद्यालय जाता है।
इस अमीर भारत का गरीब बच्चा,
कुछ सपने सँजोने चाहता है।।

विद्यालय के मुखिया को,
फीस न फिर भी पहले दी।
फीस को देंगे दो भागों में,
कुछ अंतराल की शर्त रखी।।

मान गए वह भी मान्यवर,
चलो भाई बाद में दे देना।
देने आओ जब फीस का पैसा,
टी.सी. भी आप तब ले लेना।।

कुछ दिन तो ऐसे ही आया,
वह बच्चा विद्यालय में।
नहीं थी कुछ दिन फीस की चिंता,
पढ़ने आता, जैसे मंत्रालय में।

थोड़े ही दिनों के बाद में,
परीक्षा का समय आता है।
इस अमीर भारत का गरीब बच्चा,
कुछ सपने सँजोने चाहता है।।

अद्र्धवार्षिक परीक्षा खातिर,
उस कलाम का वक्त हुआ।
पैसे नहीं दिये थे फीस के,
गर्म महोदय का रक्त हुआ।।

आकर गुस्से में महोदय जी ने,
दिया निकाल कक्षा- कक्ष से।
दीन था क्योंकि हर दिशा से,
सो कौन बोलता अब पक्ष में।।

रोया-धोया वो बच्चा फिर,
महोदय का दिल पिघलाने।
पैसे चाहिए थे बस उनको,
अत:वो महाशय नहीं माने।।

समझ न पाया कलाम को,
वह क्या करना चाहता है।
इस अमीर भारत का गरीब बच्चा,
कुछ सपने सँजोने चाहता है।।

23. एक हसीना

इतनी दूर मैं कैसे आया,
पूछने की जुर्रत न करना।
बने हुए हो इत्र से खुद तो,
और मुझे बदमाश कहते हो।।

यह जो जुल्म ढोती हो,
इन जागते आशिकों पर।
याद रखना तुम, ए हसीना,
कहीं तुम पकड़े न जाना।।

जुल्फों पर 'गजरे' झलकाने,
माली से माला बनवा लाते
तुम्हें पाने का मकसद लेकर,
झूठी कसम भी खा जाते।।

ये अदा दीवानी-सी जो,
हम को भी पसंद आई।
बता भी दो अब खुश होकर,
मेरे लिए तुम क्या लाई?

अरे! नहीं चाहिए मुझे वो,
पीतल-कांसे की अँगूठियाँ।

मुझे तो बस दिल चाहिए,
जो तुम ने था चुरा लिया।।

24. आज का सूर्यास्त

चमक अल्प-सी घट रही है,
हिम से भरे हिमाचल की।
कह रहे हम से अलविदा,
नीर से भरे ये बादल भी।।

भानु-रवि का कुछ वक्त,
दूर जाने का विचार था।
थका हुआ था रवि बहुत,
अब पास जाना भी बेकार था।

देखना भागते हुए रवि को,
चिड़ियों का टकटकी लगाकर।
अलविदा और बिछड़ा किया,
प्यार का एक गाना-सा गाकर।।

एक बड़ा सा ताना देकर,
पक्षी घर को लौट रहे हैं।
कर रहे जो मजदूरी थे,
वो भी घर को 'सोच' रहे हैं।।

दूर दूर तक अंतरिक्ष में,
एक लंबी शांति छा गई।

पूरे एक दिन को छलाँग कर,
आज फिर से रात आ गई।।

• 66 •

25. ना रास्ता दिख रहा

ना रास्ता है दिख रहा,
ना ही मंजिल दिख रही।
एक तुम हो कि,
मुझे चलने को कह रहे हो।।
पीछे लहरों का तांडव है,
किनारा दिख नही रहा।
एक तुम हो कि,
मुझे तैरने को कह रहे हो।।
हवाओं की तो
आपस में ही नहीं बन रही।
एक तुम हो कि,
साँस लेने को कह रहे हो।।
तुमने मुझे तो झूठ से,
लड़ने को बोल दिया।
एक तुम हो कि,
खुद इतना झूठ सह रहे हो।।
दुनिया को बोला है तुमने,
"तूफानों से लड़ने को"।
एक तुम हो कि, पानी के
बहाव में ही बह रहे हो।।

26. हम एक हो जाएँ

कैसे बोलूँ कितना प्यार है,
तेरी भोली-भाली बातों में!
तेरी दी गई हर खुशी को,
मैं याद करता हूँ रातों में।।
है कैसा एक ख्वाब तु,
जो याद आने लगा है।
देखूँ इस कारीगरी को,
यह खुदा की रजा है।

मन से जब निकाला,
तुम दिल में आ बैठे।
एक बात तो बताओ,
तुम कहाँ पर हो रहते?

मैं मक्खन नहीं लगाता,
बस सब सच कहता हूँ।
बिना तेरे साये के अब,
मैं अधूरा-सा रहता हूँ।

तुम्हारे शनि चक्कर में,
मैं झूठा ही होता हूँ।
मुझे वो बीज दिला दो,

जो हमेशा बोता हूँ।।

हर दिल-ए-ख्वाहिश,
मेरी अधूरी रहती है।
मेरे जज्बातों की पोटली,
बहाव-ए-नदी में बहती है।

है एक विनती तुम से,
मेरे सपने खोज ला दो।
है जो मन में तुम्हारे,
वो गिले-शिकवे जला दो।।

या फिर हो जाओ मेरे,
दिल और दिमाग, दोनों से
बस तुम हाँ कर दो,
मैं लड़ लूँगा लोगों से।
मेरी जज्बातों में अगर,
एक भी पूरी हो जाए।
अरे! तुम मानोगे नहीं,
हम दोनों एक हो जाएँ।।

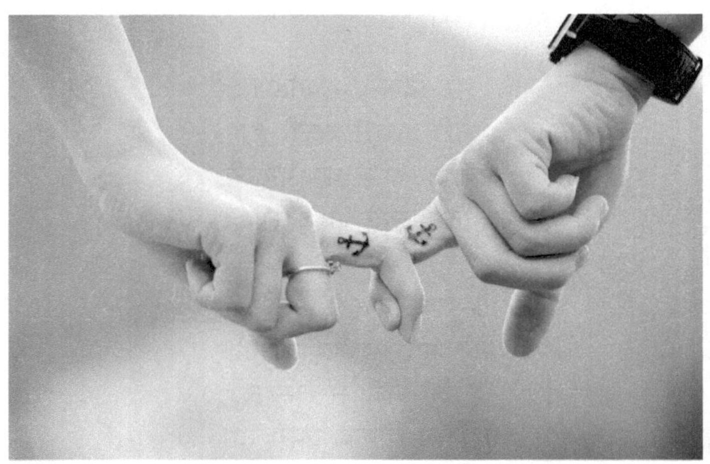

27. भीड़ के कुत्ते

वह थक चुकी थी बहुत,
उन सौ लोगों की भीड़ में।
उस पर बहुत-सी
निगाहों का बोझ था।।

रख रही थी एक पैर वह,
जैसे ही आगे की ओर।
उसे देख लोगों की भीड़,
मचा रही थी बड़ा ही शोर।।

भेड़ियों का झुण्ड देखकर,
वो बेचारी डर रही थी।
कातिलाना था हाल ऐसा कि,
उसकी साँसे थम रही थी।।

भेड़ियों के चंगुल से वह,
भाग जाना चाहती थी।
स्पर्श हो जाता पंजों का गर,
जान निकालना बाकी था।।

भीड़ के कुत्ते उस लड़की पर,
चला रहे थे घातक बाण।

इन से बचने के खातिर वो,
स्मरण कर रही रामायण।।

आज भी हो गया था,
उस पर एक ब्लात्कार।
फर्क बस इतना था कि,
ऐसा किया आँखों ने था।।

चलती रही चुपचाप कन्या,
भेड़ियों की भूखी भीड़ में।
माँस नोचने-खाने की वहाँ,
बू आई थी बहती समीर में।

रोना चाहती थी बेचारी,
पर ऐसा ना हो पाया था।
सारी भीड़ ने इस दुष्कर्म को,
बस 'देखना' ही बताया था।।

मेरे देश में हर बेटी,
ऐसे ही नोची जाती हैं।
मानसिक शोषण का,
ना किसी को कह पाती हैं।

हो गया ऐसा कांड अगर,
राजनीति में घसीट ले आते।
सुनकर चुपचाप ऐसी बातें,

संसद वाले मज़ा ले जाते।।

इसी नाम पर देश के नेता,
मंत्री पद खा जाते हैं।
पर पीड़ित के घर वाले,
चैन से ना सो पाते हैं।

'सुधारों' या 'सुधरों' का यहाँ,
नारा चल रहा देश में।
बलात्कारी फिर भी आजादी से,
घूम रहे 'सज्जन वेश' में।।

28. नेता मेरे देश के

गुलाब के महके फूलों से,
प्यारा सा मंच सजा हुआ है।।
आज फिर 'नेताजी' के,
आगमन का डंका बजा हुआ है।

गड़ा रखी है नज़र मंच पर,
मेरी प्रिय भोली जनता ने।
खेल मदारी का समझा है,
ये राजनीति से अनजाने।।

जनता को लोरी सुनाने,
नेताजी आने वाले हैं।
आज फिर वो चुनावी वादे,
झूठे झाँसे लाने वाले हैं।।

उनके खुशी में पूरा मंडप,
खचाखच भरा हुआ है।
है नेता से एक पीड़ित भी,
जो खूब डरा हुआ है।।

आ गई वह मुख्य घड़ी,
जिसका सबको इंतजार था।

शोर नेता के जयकारे का,
हो रहा बारम्बार था।।

चारों तरफ सुरक्षाकर्मी,
नेताजी को ला रहे हैं!
-"आपके पैरों में प्रणाम",
नेताजी कहते आ रहे हैं!!

दर्शन करके नेता जी का,
सब 'भक्त' धन्य हो गये।
कुछ ने जरा-सा देखा तो,
वो मोह- माया में खो गये।।

खड़े हो गये अतिथि-गण,
नेता जी के आदर में।
संस्कारी बन नेता जी भी,
ओट में छुपे सनातन के।।

महाशय के आदर के मारे,
तालियों की गूँज मच गई।
सुनते ही जनता के शोर को,
चेहरे पर रौनक-सी जँच गई

हुआ शुभारंभ भाषण का,
जब नेता जी का दर्श हुआ।
इन महाशय जी को गाँव में,

आये हुए मानो 'वर्ष' हुआ।

मिठी वाणी सुनने को यहाँ,
आतुर थे सब भक्त नेता के।
शुरू हुए नेता जी बोलने,
पास में आम्र ज्यूस रखवा के।।

कुछ देर तो नेता जी ने,
जनता की आँखों में ताका।
थोड़ा सा बोले ही थे कि,
चारों दिशाओं में फिर झाँका।।

भाषण के खातिर महोदय ने,
श्री गणेश कर ही दिया।
देश की स्थिति को लेकर,
खूब लुभावना विवरण दिया।।

हाथ में आम का ज्यूस लेके,
वो बोलते बोलते रुक गए!
आम का ज्यूस पीने के लिए,
वो थोड़ा सा नीचे झुक गए!!

ले ली डकार ज्यूस की,
और वापस शुरू हो गए!
भाषण बीच में रोका तो,
जनता से 'सॉरी' बोल गए!!

बोले- "मेरे मोहल्ले वासियों,
मेरा देश आया खतरे में।
देखो मेरे चुनाव चिन्ह को
फायदा है वही दबने में।।"

पुन: से जयजयकार हुई,
जब कार्यक्रम का अंत हुआ।
वाणी थी क्योंकि मिश्री-सी,
अत: वो नेता अब संत हुआ।।

बड़े दिलासे दे डाले अब,
सता देश की हथियाने।
हाल है कैसा मेरे देश का,
आज भी कोई ना जाने।।

जिन से अपने पायजामे का,
नाड़ा नहीं बांधा जा रहा है!
उन्हें मेरे देश का भविष्य,
खतरे में नज़र आ रहा है!!

सब नेता जिम्मेदार मिले हैं,
हमें ही नोच के हमें खिलाते।
हैं इतने चालक यहाँ पर,
रक्त भी हमारा हमें पिलाते।।

29. जवानी में बच्चा

क्या कोई बनना चाहता है,
इस दुनिया का एक पागल?
कौन जीना चाहता है, अपनी
जवानी में एक बच्चे का जीवन?

जवानी में अगर बच्चे बनोगे,
तो अकलमंद कम कहलाओगे।
और अगर हो गए भी सयाने, तो
फिर भी तुम बचपना दिखाओगे।।

मत बनाना मेरे दोस्त,
कभी भी बच्चा, नहीं होगी
तेरे दिखावटी बचपन की इज्जत।
अगर बने
बचपन के अलावा बच्चे तुम,
'भोला' नाम दे देंगे तेरे परिचित।।

यह सब नही कहा है मैंने,
यह तो समाज की बोली है।
जो बातें हो बच्चे जैसी,
बोलता उसे यह 'भोली' है।।

यहाँ चलती सिर्फ बुद्धि की ही,
भोले का कोई काम नहीं।
जैसे चलाते राज है 'बेटें',
जानते 'पिता' का कोई नाम नहीं।।

बस वही जिंदा रहो,
जिसे दुनियादारी आती है।
भोले मत बन मेरे दोस्त,
वर्ना ये दुनिया खा जाती है।

30. आपकी ही गोद में झूलूँगा

हे माँ!
इन नाजुक फूलों जैसे हाथों से,
आपके चरणों में स्पर्श करता हूँ।
आपकी ममता को मेरे माथे से,
पैरों में झुककर दंडवत करता हूँ।

महसूस होता है आपको देख,
जैसे कि खुद 'विष्णु' आए हो।
बोले सफ़र से आते ही मुझे-
"बेटा तुम कुछ खाए हो?"

मैं कैसे आपका कर्ज चुकाऊँ?
बस एक बार बता दो माँ!
यह दुनिया पीछे पड़ी है,
इनके ताने हटा दो माँ!!

क्यों नहीं बोलते हो कुछ मुझे,

मैं जब बेवजह गुस्सा होता हूँ।
क्यों नहीं जगा पाते मुझे,
मैं जब देर सुबह तक सोता हूँ।।

मैंने दुनिया तो नहीं घूमी, पर
मेरी अनुभव की पोटली भरी है।
ना मिला मुझे ऐसा इंसान,
जितनी आपने मोहब्बत करी है।।

मिलती जो तीन सूईयों से,
घड़ी को मैंने महसूस किया है।
जो ना मुरझा सके, आपने
बना ऐसा एक फूल दिया है।

रीत सदा जो चली आ रही,
कभी नहीं इनकार किया।
माँगा जब भी दिल किसी ने,
आपने उसे भी निकाल दिया।।

हे माँ!
क्या-क्या गुण बताऊँ,
आपका एहसान कभी ना भूलूँगा।
गर झूलना होगा मुझे झूला भी,

मैं आपकी ही गोद में झूलूँगा।।

• 83 •

31. नवोदय नाम दिया है

प्यारा-सा है भारत मेरा,
एक स्वर्ग-सम धाम यहाँ पर।
है नही कोई ‘भोग’ चढ़ाता,
सिर्फ ‘कलाम’ बनते हैं यहाँ पर।।

शिक्षक ही जहाँ माँ-बाप थे,
वहाँ से मैंने ज्ञान लिया है।
जहाँ सीखा मिल जुलकर रहना,
मैंने ‘नवोदय’ नाम दिया है।

पहली बार जब आये थे,
लगा जेल से भी भयंकर।
क्या ऐसी थी वजह कि,
सब बोले थे उसको जन्नत।।

एक बच्चा जो बोलना सिखा,
पिछले दो-तीन साल से।
भेजा गया उसे भी वहाँ पर,

खातिर भविष्य सुधारने।।

उस कलाम को रोटी सिर्फ,
अपनी माँ की ही भाती थी।
नींद भी उसको, और कहीं नहीं,
पिता के पास ही आती थी।।

जो बच्चा नहीं रह पाता है,
ननिहाल में २ दिन भी।
अपनी शिक्षा हॉस्टल में वो,
है पूर्ण करता ७ साल की।।

सौभाग्य से उस रत्न का,
मैं भी हिस्सा बन पाया हूँ।
सुनो ओ टोंट देने वालों,
अब मैं भी उभर आया हूँ।।

32. फिर भी एक शायर हूँ

मैं बहुत कायर हूँ,
पर फिर भी एक शायर हूँ।
मैं राम-सीता की,
अधूरी कहानी वाली रामायण हूँ।

तुम्हें मुझसे मिलना होगा,
और मिलते ही बिछड़ना होगा।
मुझे समझने के लिए, तुम्हें
तूफान की लहरों से भिड़ना होगा।।

मैं ही गर्मी हूँ, और
मैं ही जाड़े की ऋतु सर्दी हूँ।
दया और करुणा की,
मैं एक बड़ी-सी नदी हूँ।।

तूफान चलते-चलते रुकने लगे,
और मेरी ओर मोड़ने लगे।
मुझे ओस की बूंदे न समझो,

जो हवाओं से ही उठने लगे।।

मैं चट्टानों से टकरा जाता हूँ,
और उनके चूरे बना जाता हूँ।
और ऐसे करते-करते ही,
मैं मुसीबतों को हरा जाता हूँ।।

मैं आधा हिंदु-स्तान हूँ,
और आधा मुसलमान हूँ।
पर इन रागों से पहले,
मैं इस देश का परवान हूँ।।

मुझे हीरो बनाना आता नहीं,
और गुंडा किसी को भाता नहीं।
हो चाहे आँसू ही आँखों में,
पर दुख किसी को बताता नहीं।।

हवाएँ भी मुझसे डरती हैं,
यथा-कथन वह मूड़ती है।
रहता हूँ मैं इस दुनिया में,
जहाँ सब आशाएँ उड़ती हैं।।

मेरे बहुत-से स्वरुप है।
और मेरा दिल भूप है।
शाँत हूँ एक पत्ते-सा,
पर गुस्सा भी खूब है।

मुझे सम्भालो यारों,
मैं दोस्ती में घिस रहा हूँ।
चाहता हूँ सुकून मैं पर,
सुख- दुःख में पिस रहा हूँ।

33. सब भूल गए हैं बचपन को

फँस रहा है बच्चा-बच्चा,
समझदारी के जंजाल में।
खफा देता है पूरा जीवन,
होड़ लगाने के खयाल में।।

दिखावे के चक्कर में,
रोना भी अब भूल चुके हैं।
रोना हो विपरीत घड़ी में,
आँसू भी आते सूखे हैं।।

याद नहीं है किसी भी जन को,
रो कर एक रुपया लेना।
नहीं किसी को अच्छा लगता,
'दादा' जी को 'दा' कह देना।

ना बनाते ये आधुनिकी,
गली में मित्रों की टोली।

बातें भी सांकेतिक इनकी,
बदल चुकी बोली-बोली।।

रमते थे जिसमें हम बच्चे,
आज कहीं वो मिट्टी नहीं।
काग़ज में लिख पत्र थे,
भेजा करते वो चिट्ठी नहीं।।

कोई नहीं चाहता है,
पैसों के लिए रूठ जाना।
भूल चुके हैं माँ-बाप भी,
अपने बच्चों को मनाना।।

किस-किस को दोष दूँ मैं,
आज सब बदल गए हैं।
बिताए हम ने नादानी में,
वो बीत अब पल गए हैं।

34. बचा लो आर्यवृत को

इज्जत संपूर्ण आर्यावर्त की,
जुए के सट्टे में लगी हुई है!
फिर भी पूरी मानव जाति,
होश खोकर पड़ी हुई है।।

नही बन रही फूल-पत्ती की
भाई, भाई का शत्रु हो गया।
अवसाद हर जन की नस में,
तरह करंट के दौड़ गया।।

हैं लूट रहे बड़े प्यार से,
पूर्व स्वर्ण-चिड़िया को।
खयाल अपनी औलाद का,
ना होता बीवी-मियाँ को।।

बोल मिठी मिठी बोली,
हैं काट रहे सब कालजा।
मुसीबत हो तो करते अपने,
वादा बचाने 'जान' का।

अलंकार खातिर प्रभु ने,
रचित की 'मानव जाति'।

आते ही इन लोगों ने यहाँ,
फैला डाली लाखों भ्रांति।।

राजाओं के मेरे देश में,
'गरीब' बन रही है जनता।
ना बदल रही इसकी सूरत,
चाहे नेता कोई भी है बनता।।

35. मैं निर्दोष हूँ

कलाबाजियाँ खाता हुआ वह,
निकला घर से मुलाकात को।
खुशी का पारा चढ़ा हुआ कि,
स्वर्ग मान चला हवालात को।।

दोस्त के घर जाना था उसको,
अपनी खुशियों को बतलाने।
क्या राज था उन बातों में
अपनी बात वो खुद ही जाने।।

मिल गए साथी रस्ते में कुछ,
रुक गया वहाँ पर हाथ मिलाने।
उनसे भी कुछ बातें छीनी,
शुरू हुआ कुछ अपनी बताने।।

अल्प समय के वार्तालाप में,
बहाने ढूँढ लिये हँसने के।
जिंदगी रही तो फिर मिलेंगे,
चल दिया इतना सा कह के।।

मित्रों ने भी हामी भर दी,
और वे भी मुस्कुराने लगे।

थोड़ा-सा वह भी मुस्काया,
फिर अपने रस्ते जाने लगे।।

चला था वह कुछ ही कदम,
देखा अलग ही नजारा था।
बीच सड़क एक कन्या का,
'लाश' पड़ा आवारा था।।

लपक पड़ा वह लाश तरफ,
हाथों से लाश उठाने लगा।
लड़खड़ाते पैरों से वह,
अस्पताल को जाने लगा।।

भागते हुए पगला-सा उसे
कुछ लोगों ने वहाँ देख लिया।
दिख ना पाई वो लड़की, पर
अब वो लड़का दिख गया।।

भागे लोग कुछ उसके पीछे,
थोड़ी ही दूर पर रोक लिया।
लिया बुला पुलिस-दस्ता,
दरोगा जी को सौंप दिया।।

पड़ी बेहोश थी यह लड़की,
दूर से देखा था जिस को,
अब मुझे माफ कर दो,

मैंने नही छेड़ा है इसको!!

हाथ-पैर जोड़े उसने, पर
माफी नहीं स्वीकारी गई।
था चूँकि पास तनया के,
सो, माफ़ी लाचार हो गई।।

36. न चलाओ ये धर्म के धँधे

तुमने हरा ले लिया,
और मुझे केसरिया दिया।
यहाँ तक कि तरबूज को भी,
दो धर्मों का नाता दे दिया!

ओ धर्म के ठेकेदारों,
तुम ने यह क्या कर दिया!
हर हिंदु- मुस्लिम में,
भेदभाव का ज़हर भर दिया!!

ज़रा रुको, नीची सोच वालों,
देश की ओर भी झाँक लो।
मत बाँटों मेरे प्यार को,
चाहे कुछ और बाँट लो।।

उड़ती चिड़िया को भी तुम,
धर्म का जिम्मा सौंप देते हो।
गर हुआ वो कट्टरवादी,
फिर भी उसको नोच लेते हो।।

राजेश लूणा 'नवोदयन'

क्यों नहीं मनाते हो तुम,
मुहर्म को दिवाली-जैसा?
क्यों बाँटते नहीं आपस में,
प्यार, भाई और बहन-जैसा?

एक गुजारिश है तुम से ,
हिस्से ना करना 'प्राणवायु' के।
बट्टा हो जाए उसका तो,
मर भी ना पाओगे जटायु से।।

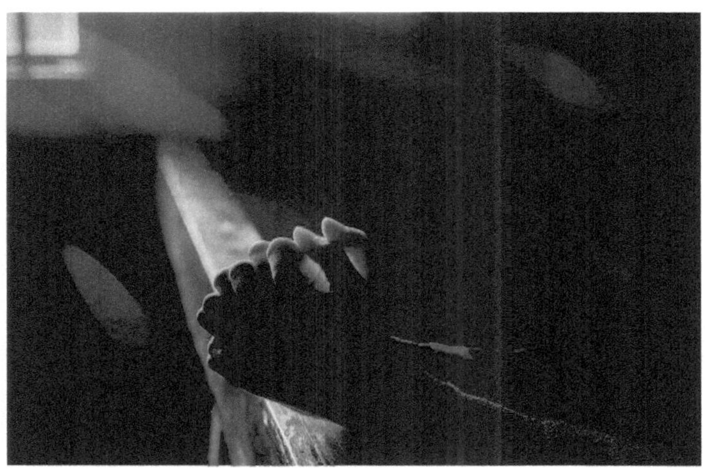

37. एक तरबूज दो धर्मों में

अलबेला कवि हूँ थोड़ा,
सो भटकता रहता हूँ।
लचीला हूँ दिमाग से,
जो बहाव हो, उसी में बहता हूँ।
उसी बहाव से हुआ भटकता,
सब्जी-मंडी में जा पहुँचा।
सस्ते-सस्ते भाव में जहाँ,
बिक रहा था तरबूजा।।
प्यास लगी थी पानी की,
सो तरबूजा खरीद लिया।
चल पड़ते ही वहाँ से मेरा,
कुछ लोगों ने पीछा किया।।
मेरा पीछा करने के पीछे,
मैंने उनसे वजह पूछ ली।
मुझे बताया कुछ नहीं पर,
मेरे सामने आँखें मूँद ली।।
समझ गया मैं अगले पल,
माजरा बड़ा दीवाना था।
यहाँ बस इष्र्या, जलन और
धर्म का ही परवाना था।।

38. पाठशाला भी सुकून था

याद आती है तेरी ए जन्नत,
कितना प्यार दिया था तुम ने।
बचपन का हर खुशनुमा पल,
तेरे पास ही बिताया था हम ने।।

इस दुनिया से मुलाकात,
हुई थी तुम से ही होकर।
बड़ा पछतावा होता है मुझे,
तेरा वह प्यार खोकर।।

मेरे सरल शब्द,
तुझे बयाँ कर सकते हैं।
यहाँ तक कि मेरे शब्द,
आँखें नम कर सकते हैं।।

फिर भी तुम्हें याद कर,
मैं ऐसे ही रोने लगा।
इस समझदारी में,
क्यों अपनों को खोने लगा।।

उसी पागल जीवन का,
एक घूँट पीना चाहता हूँ।

आज फिर तेरी छाया में,
वह जीवन जीना चाहता हूँ।

था झरने का नीर जैसे,
बनूँ बौछार गिरते ही।
ना कोई आँगन तेरा सा,
मैंने देखे कितने ही।।

39. लोगों की हवस मिटाती है वो

ए बहन!
जिसे खरीद सके हर कोई,
खुद को वो सामान ना समझ।
जो फिरते है 'सादे' बनकर,
उन्हें कभी भी महान ना समझ।।

तु हीरा है अमोल, कीमती,
खुद को यूँ हल्का ना मोल।
आर्यवर्त का खुला पँछी,
लो अपने पंखों को खोल।।

तु जीवन है मछली जैसा,
जो रंग चढ़ा कर घूम रही।
जो ज्ञान लेते गुरुजन से,
तुमने भी पाया ज्ञान वही।।

तेरे कारण ही सुरक्षित है,
मेरे देश की सभी बेटियाँ!
मानवता बचाने के खातिर,

पूरे दोष को खुद पे ले लिया।।

चाहे तुम्हें विशेषता मिले,
एक 'वैश्या', 'अछूत' स्त्री की।
मैं तो मानता हूँ बस तुम्हें,
प्यारी संतान उस हरि की।

थूका जाता है उसी के ऊपर,
जिसने बचा रखा है देश को!
है जो 'नीच' सोच के, उन्होंने
छुपा रखा 'असली वेश' को।।

बिगाड़ दिया मेरे युवाओं को,
जो खुद को अभिनेत्री बुलवाती।
करती जो पतन देश का,
हैं कुकर्मों की यही वो मात्री।।

लेकर मेरे ये कड़वे बोल,
ना मुझे कुछ बोलियेगा।
सोच मेरी 'गलत' या 'सही',
'अल्प' आप भी सोचियेगा।।

40. आँसू: एक कहानीकार

चौराहा पार करते हुए,
दिमाग़ कुछ सोच रहा था।
खुद आँखें गीली करके,
खुद आँसू पौंछ रहा था।।

इशारे समझ न पाया,
उन राज रखी बातों का।
मुसाफ़िर था वह,
मासूम जज्बातों का।।

नीर झरते नयनों को,
मैं नदी समझ बैठा।
उस बहती नदी में,
नहाने का मन कर बैठा।।

कौन्धा पल में ही,
तूफान विचारों का।
आँसू कहते हैं इसे,
था जो पानी एक अनोखा।।

अमीरों के यहाँ नहीं होता,
है अनमोल यह पानी जो,

हो भूप या फकीर कोई,
गढ़ जाता नई कहानी को।।

41. बिगड़ गए हैं हम

कुछ इस तरह बिगड़ गए हम,
अपनों की आँखों से निकल गए हम।
समझा तो उन्हें भी अपना था, पर
एक-तरफा प्यार में सिमट गए हम।।

रुको, और झाँको अपनी ओर,
नज़र दो चारों दिशा की गोद में।
देखो कि है वो शख्स कौन, जो
सुलगता किसी के आगोश में।।

जो अच्छा है, वो मिलता नहीं,
यहाँ गुलाब भी खिलता नही।
करे दुनिया को उजियारा,
वो पूर्व से अब निकलता नहीं।।

थे हमारी जान से प्यारे,
आज वो सब छूट गए।
इस दिखावा की दुनिया में,
कैसे कहे 'हम टूट गए',

रखा था सामने मेरा अपना,
ना इजाजत थी लेने की।

एक भी जज़्बात-ए-दिल,
ना हिम्मत थी कहने की।।

कुछ इस तरह बिगड़ गए हम,
अपनों की आँखों से निकल गए हम।
चाहने वालों के दिल सामने,
अब आग-सा सुलग गए हैं हम।

42. भूख का गुलाम

उसे पूरी भीड़, उसकी
'जात' से गाली दे रही थी।
और वो जात ढूँढ रहा था,
सड़क पर पड़ी एक
सूखी रोटी के टुकड़े में।।

रोटी उठाने दबी हुई,
एक बड़े से पत्थर से,
कुछ देर लड़ाई की।
फिर भी कुछ हिस्सा,
रह गया टूट कर,
बड़े पाषाण के नीचे।

ना जात देखी उस रोटी ने,
की शांत भूख जिसने।
बस उसे मानव चाहिए था,
और वो मनुज ही था।
गाली तो समाज की थी
वो जात तो समाज की थी।

और कुछ टुकड़े रोटी के,
छोटे भाई के लिए

पोटली में सम्भाल लिये।
खुद भी भूखा था,
थोड़ा पिया पानी, और
दो सूखे टुकड़े खा लिये।।

आज भी उस गाँव में,
प्यार का त्योहार
मनाते हैं भूखे लोग।
नमन मेरे देश की
भूखी मानव जाति को,
अपनों को जिंदा रखे हैं जो।।

43. वो चित्रकूट गई

जोर दिया मैंने खोपड़ी पर,
मुलायम थी, तो फूट गई।
फिर झाँका अक्ल की तरफ,
पता चला वो चित्रकूट गई।।

मन किया पढ़ने का थोड़ा,
सो, मैंने किताब उठाई।
तभी तुरंत मेरा आलस बोला,
अरे! ना पढ़, गंदी होती है पढाई।।

ना माना मैंने आलस की,
फिर भी थोड़ा जोर लगाया।
काट के मेरे दोस्त की बात,
किताब खातिर हाथ उठाया।

निकाला पहला ही पन्ना,
लगा करने उसका स्मरण।
कुछ वक्त पढ़ा ध्यान से,
हुआ नींद का आगमन।।

पहना पैराशूट अच्छा सा,
उड़ने लगा फिर सपनों में।

लगा अच्छा साथ जिनके,
खो गया था मैं अपनों में।।

ना याद रही किताबें,
जो सुधारती है मुझे।
अल्प जब पढ़ता हूँ,
खूब हँसी आती है उसे।।

44. विदाई बेटी की

समझ नही आता,
उस पिता को भी।
बेटी को विदा करते वक्त,
खुद को सम्भाले या इज्जत को!

बेटी को जाती देख,
उधर, माँ तो है रो रही!
बहनों के आँखों में भी,
गिर रहे आँसू हैं कहीं।।

भाई बचा है अभी,
जिसे कुछ गम नही है।
रोता भी, कहाँ रोता,
उसे आराम तक नहीं है।।

शादी का जिम्मा सम्भाले,
भागता हुआ चल रहा।
उन व्यस्त नैनों से अब,
अश्रु-धार है निकल रहा।।

नम हुए परिजन यहाँ,
'इज्जत' को विदा करते।

बाँट आशीर्वाद बेटी को,
बारात को रहे तकते।।

है खुशियों के पल में,
रिश्ते खून के रो रहे।
आज फिर एक 'तात',
खुशियों से 'बिछुड़' हो रहे।।

45. धावक बोलने लगी है

मैंने एक कदम क्या चल दिया,
दुनिया धावक बोलने लगी है।
जो हमेशा हुआ करता था,
वो मेरा लकवा नही देख पाई।

मुस्कुरा दिया किसी से मैंने,
आज वो मुझे संत बोलती है।
उसे तनिक भी ज्ञान नहीं,
मैं छुपकर बहुत रोता हूँ।।

आज फिर उसने मुझे,
शिखर की चोटी पर देखा।
वो नहीं जानती है,
मैं अंदर से टूट चुका हूँ।।

शुक्रिया कहा उसने मुझे,
गिरते हुए बचाने के लिए।
वो जान नहीं पाई कि,
मुझे हर कोई गिरा देता है।।

मैंने मेरा नाम क्या बताया,
वह सारा राज खोलने लगी है।

मैंने एक कदम क्या चल दिया,
दुनिया धावक बोलने लगी है।

• 117 •

46. पागल आशिक

प्यार हुआ था कल ही उसको,
शायद तेरह की उम्र थी।
अरे! चार साल पहले वह आशिक,
घूमा करता था नंगा ही।।

आशिक जी को भूत चढ़ गया,
प्यार में जीने-मरने का।
बना आशिक जी देवदास,
जब सही वक्त था पढ़ने का।।

इन बेड़ियों को तोड़कर,
उसे स्वच्छंद होना था।
प्रतीक-ए-शाह-मुमताज़,
उसे एक तरु बोना था।।

बन वैरी समाज का,
खुद का 'क्षितीश' बन पड़ा।
हुआ प्रभाव कन्या का,
अकेला लड़ने आ खड़ा।।

फंस कर खुद इन बेड़ियों में,
अंधा बता रहा प्यार को।

मिली भूख में सुखी हड्डी भो,
मीठी लगे सियार को।।

47. अल्लाह का है आवास कहाँ।।

मत बाँधो जाति-बंधन में,
मुझे खुले गगन में उड़ना है।
नहीं चलूँगा आँख मूँद कर,
बस मुझको अब मुड़ना है।

बाँधा तुमने हर मंदिर को,
मस्जिद का भी विवाद रहा।
कहाँ रहते श्री प्रभु जी,
अल्लाह का है आवास कहाँ।।

तुच्छ जाति का बतला कर,
नेता जी भी जीत जाते।
कुछ भी संभव हो जाता यहाँ,
धर्म विशेष को अपना के।।

अँधा हूँ मैं भीड़ के पीछे,
मेरे आँखों की पट्टी खोलो।
ओ मानवता के रक्षकों,
मुझे ना तुम सती बोलो।।

ना कोई भी धर्म है मेरा,
मुझे सब धर्मों से प्यार है।
मेरा भारत ऐसा मेला, जहाँ
मिली-जुली सरकार है।।